PRÉFACE

DE

L'AUTEUR.

SI jamais la queſtion du Mal Phyſique a mérité l'at-tention de tous les hommes, c'eſt dans ces évé-nements funeſtes qui nous rapellent à la contemplation de nôtre faible nature, comme les peſtes générales qui ont enlevé le quart des hommes dans le Monde con-nu, le tremblement de terre qui engloutit quatre-cent-mille perſonnes à la Chine en 1699., celui de Lima & de Callao, & en dernier lieu celui du Portugal & du Royaume de Fez. L'axiome, *Tout eſt bien*, paraît un peu étrange à ceux qui ſont les témoins de ces déſaſ-tres. Tout eſt arrangé, tout eſt ordonné, ſans doute, par la Providence ; mais il n'eſt que trop ſenſible, que tout depuis longtems n'eſt pas arrangé pour nôtre bien-être préſent.

Lorſque l'Illuſtre *Pope* donna ſon *Eſſay ſur l'homme*, & qu'il dévelopa dans ſes vers immortels les ſiſtèmes de *Leibnitz*, du Lord *Shafterſburi*, & du Lord *Bolling-*

A 2 *broke,*

broke, une foule de Théologiens de toutes les Communions attaqua ce fiftème. On fe révoltait contre cet Axiome nouveau, que *Tout eft bien*, que *l'homme jouït de la feule mefure du bonheur dont fon être foit fufceptible*, &c... Il y a toujours un fens dans lequel on peut condamner un écrit, & un fens dans lequel on peut l'aprouver. Il ferait bien plus raifonnable de ne faire attention qu'aux beautés utiles d'un ouvrage, & de n'y point chercher un fens odieux. Mais c'eft une des imperfections de notre nature, d'interpréter malignement tout ce qui peut être interprété, & de vouloir décrier tout ce qui a eu du fuccès.

On crut donc voir dans cette propofition, *Tout eft bien*, le renverfement du fondement des idées reçues. Si *Tout eft bien*, difait-on, il eft donc faux que la nature humaine foit déchue. Si l'ordre général exige que tout foit comme il eft, la nature humaine n'a donc pas été corrompue; elle n'a donc pas eu befoin de Rédempteur. Si ce Monde tel qu'il eft, eft le meilleur des Mondes poffibles, on ne peut donc pas efpérer un avenir plus heureux. Si tous les maux dont nous fommes accablés font un bien général, toutes les Nations policées ont donc eu tort de rechercher l'origine du mal Phyfique & du mal Moral. Si un homme mangé par les bêtes féroces fait le bien-être de ces bêtes, & contribue à l'ordre du Monde; fi les malheurs de tous les particuliers ne font que la fuite de cet ordre général & néceffaire; nous ne fommes donc que des roues qui fer-

POEMES.

SUR LE

DESASTRE DE LISBONNE,

ET SUR

LA LOI NATURELLE;

AVEC DES PREFACES,

DES NOTES, &c.

NOUVELLE EDITION.

En May, 1756.

A V I S
DES EDITEURS.

Nous avions dit dans notre première Edition de ces deux Poëmes Philosophiques, que tous les Lecteurs sages y reconnaîtraient sans peine les sentiments qu'on a aimés dans la HENRIADE, & dans plusieurs ouvrages du même Auteur, un esprit qui respire l'adoration d'un Etre Suprême, l'attachement aux Loix, l'amour du Genre-humain, la tolérance, & la bienfaisance.

Nous n'avons pas été trompés ; & l'empressement qu'on a eu pour nôtre Edition nous a forcés au bout de quinze jours d'en faire une seconde. Celles qu'on a données à Paris de ces mêmes Poëmes n'est ni si complette, ni si correcte que la nôtre ; & par ce seul échantillon on peut voir la différence qui doit être entre des ouvrages imprimés loin des yeux de l'Auteur, & ceux qui ont été revus & corrigés par lui-même.

Nous nous flatons toujours de donner dans deux mois, l'Essay sur l'Histoire générale depuis Charlemagne jusqu'à nos jours, que nous avons déja annoncée.

fervent à faire jouer la grande machine ; nous ne fommes pas plus précieux aux yeux de DIEU que les animaux qui nous dévorent.

Voilà les conclufions qu'on tirait du Poëme de Mr. *Pope* ; & ces conclufions mêmes augmentaient encor la célébrité & le fuccès de l'ouvrage. Mais on devait l'envifager fous un autre afpect. Il fallait confidérer le refpect pour la Divinité, la réfignation qu'on doit à fes ordres fuprèmes, la faine Morale, la tolérance, qui font l'ame de cet excellent écrit. C'eft ce que le Public a fait; & l'ouvrage ayant été traduit par des hommes dignes de le traduire, a triomphé d'autant plus des critiques qu'elles roulaient fur des matiéres plus délicates.

C'eft le propre des cenfures violentes, d'accréditer les opinions qu'elles attaquent. On crie contre un livre parce qu'il réuffit, on lui impute des erreurs. Qu'arrive-t-il? Les hommes révoltés contre ces cris, rennent pour des vérités les erreurs mêmes que ces critiques ont cru apercevoir. La cenfure élève des fantômes pour les combattre, & les Lecteurs indignés embraffent ces fantômes.

Les critiques ont dit ; *Leibnitz*, *Pope*, *enfeignent le Fatalifme* : & les partifans de *Leibnitz* & de *Pope* ont dit ; *Si Leibnitz & Pope enfeignent le Fatalifme*, *ils ont donc raifon* ; *& c'eft à cette Fatalité invincible qu'il faut croire.*

Pope avait dit, *Tout eft bien*, en un fens qui était

A 3   très

très recevable , & ils le difent aujourdhui en un fens qui peut être combattu.

L'Auteur du Poëme fur le défaftre de Lisbonne ne combat point l'illuftre *Pope* , qu'il a toujours admiré & aimé ; il penfe comme lui fur prefque tous les points ; mais pénétré des malheurs des hommes , il s'éléve contre les abus qu'on peut faire du nouvel axiome , *Tout eft bien*. Il adopte cette ancienne & trifte vérité reconnue de tous les hommes , qu'*il y a du mal fur la Terre* ; il avoue que le mot *Tout eft bien* pris dans un fens abfolu , & fans l'efpérance d'un avenir , n'eft qu'une infulte aux douleurs de notre vie.

Si lorfque Lisbonne , Méquinez, Tétuan, & tant d'autres villes furent englouties avec un fi grand nombre de leurs habitans au mois de Novembre 1755. des Philofophes avaient crié aux malheureux qui échapaient à peine des ruines , *Tout eft bien ; les héritiers des morts augmenteront leurs fortunes, les maçons gagneront de l'argent à rebâtir des maifons , les bêtes fe nourriront des cadavres enterrés dans les débris , c'eft l'effet néceffaire des caufes néceffaires , votre mal particulier n'eft rien , vous contribuez au bien général.* Un tel difcours certainement eût été auffi cruel que le tremblement de terre a été funefte : & voila ce que dit l'Auteur du Poëme fur le defaftre de Lisbonne.

Il avoue donc , avec toute la Terre, qu'il y a du mal fur la Terre, ainfi que du bien ; il avoue qu'aucun Philofophe n'a pu jamais expliquer l'origine du mal

Moral,

Moral, & du mal Phyſique : il avouc que *Bayle*, le plus grand Dialecticien qui ait jamais écrit, n'a fait qu'apprendre à douter, & qu'il ſe combat lui-mème : il avouc qu'il y a autant de faibleſſes dans les lumiéres de l'homme que de miſères dans ſa vie. Il expoſe tous les ſiſtèmes en peu de mots. Il dit que la Révélation ſeule peut dénouer ce grand nœud que tous les Philoſophes ont embrouillé ; il dit que l'eſpérance d'un dévelopement de nôtre ètre dans un nouvel ordre de choſes, peut ſeule conſoler des malheurs préſents, & que la bonté de la Providence eſt le ſeul azile auquel l'homme puiſſe recourir dans les ténèbres de ſa raiſon, & dans les calamités de ſa nature faible & mortelle.

PS. Il eſt toujours malheureuſement néceſſaire d'avertir qu'il faut diſtinguer les objections que ſe fait un Auteur, de ſes réponſes aux objections, & ne pas prendre ce qu'il réfute, pour ce qu'il adopte.

A 4   POE-

POEME

SUR LE

DESASTRE DE LISBONNE,

OU EXAMEN DE CET AXIOME,

TOUT EST BIEN.

O Malheureux mortels! ô Terre déplorable!
O de tous les fléaux affemblage effroyable!
D'inutiles douleurs éternel entretien!
Philofophes trompés, qui criez, *Tout eft bien*,
Accourez: contemplez ces ruïnes affreufes,
Ces débris, ces lambeaux, ces cendres malheureufes,
Ces femmes, ces enfans, l'un fur l'autre entaffés,
Sous ces marbres rompus ces membres difperfés;
Cent mille infortunés que la Terre dévore,
Qui fanglants, déchirés, & palpitans encore,
Enterrés fous leurs toits terminent fans fecours,
Dans l'horreur des tourments, leurs lamentables jours.
  Aux cris demi-formés de leurs voix expirantes,
Au fpectacle effrayant de leurs cendres fumantes,

Direz-

Direz-vous, c'eſt l'effet des éternelles Loix,
Qui d'un DIEU libre & bon néceſſitent le choix?
Direz-vous, en voyant cet amas de victimes,
DIEU s'eſt vengé, leur mort eſt le prix de leurs crimes?
Quel crime, quelle faute ont commis ces enfants,
Sur le ſein maternel écraſés & ſanglants?
Lisbonne qui n'eſt plus, eut-elle plus de vices
Que Londre, que Paris, plongés dans les délices?
Lisbonne eſt abimée, & l'on danſe à Paris.
Tranquilles ſpectateurs, intrépides eſprits,
De vos fréres mourants contemplant les naufrages,
Vous recherchez en paix les cauſes des orages;
Mais du ſort ennemi quand vous ſentez les coups,
Devenus plus humains vous pleurez comme nous.

  Croyez-moi, quand la Terre entr'ouvre ſes abimes,
Ma plainte eſt innocente, & mes cris légitimes.
Partout environnés des cruautés du ſort,
Des fureurs des méchants, des piéges de la mort,
De tous les élémens éprouvans les atteintes,
Compagnons de nos maux, permettez-nous les plaintes.
C'eſt l'orgueil, dites-vous, l'orgueil ſéditieux,
Qui prétend qu'étant mal, nous pouvions être mieux.
Allez interroger les rivages du Tage,
Fouillez dans les débris de ce ſanglant ravage,
Demandez aux mourants, dans ce ſéjour d'effroi,
Si c'eſt l'orgueil qui crie, *O Ciel, ſecourez-moi,*
O Ciel, ayez pitié de l'humaine miſére.
  Tout eſt bien, dites-vous, & tout eſt *néceſſaire.*
                                              Quoi?

Quoi? l'Univers entier, fans ce gouffre infernal,
Sans engloutir Lisbonne, eût-il été plus mal?
Etes-vous affurés que la Caufe Eternelle,
Qui fait tout, qui fait tout, qui créa tout pour elle,
Ne pouvait nous jetter dans ces triftes climats,
Sans former des volcans allumés fous nos pas?
Borneriez-vous ainfi la Suprême Puiffance?
Lui défendriez-vous d'exercer fa clémence?
L'éternel Artifan n'a-t-il pas dans fes mains
Des moyens infinis tout prêts pour fes deffeins?
Je défire humblement, fans offenfer mon Maître,
Que ce gouffre enflammé de fouphre & de falpêtre
Eût allumé fes feux dans le fond des déferts.
Je refpecte mon DIEU, mais j'aime l'Univers:
Quand l'homme ofe gémir d'un fléau fi terrible,
Il n'eft point orgueilleux, hélas! il eft fenfible.

   Les triftes habitans de ces bords défolés,
Dans l'horreur des tourments feraient-ils confolés,
Si quelqu'un leur difait; *Tombez mourez tranquiles*,
Pour le bonheur du Monde on détruit vos aziles;
D'autres mains vont bâtir vos palais embrafés;
D'autres Peuples naîtront dans vos murs écrafés;
Le Nord va s'enrichir de vos pertes fatales,
Tous vos maux font un bien dans les Loix générales;
DIEU vous voit du même œuil que les vils vermiffeaux,
Dont vous ferez la proye au fond de vos tombeaux?
A des infortunés quel horrible langage!
Cruels! à mes douleurs n'ajoutez point l'outrage.

                                        Non,

Non, ne préfentez plus à mon cœur agité
Ces immuables loix de la néceffité,
Cette chaîne des corps, des efprits, & des mondes.
O rêves de favants! ô chimères profondes!
DIEU tient en main la chaîne, & n'eft point enchaîné ; *a*
Par fon choix bienfaifant tout eft déterminé :
Il eft libre, il eft jufte, il n'eft point implacable.
Pourquoi donc fouffrons-nous fous un Maître équitable? †
Voilà le nœud fatal qu'il fallait délier.
Guérirez-vous nos maux en ofant les nier?
Tous les Peuples tremblants fous une main divine,
Du mal que vous niez ont cherché l'origine.
Si l'éternelle Loi qui meut les éléments,
Fait tomber les rochers fous les efforts des vents ;
Si les chênes touffus par la foudre s'embrafent,
Ils ne reffentent point les coups qui les écrafent.
Mais je vis, mais je fens, mais mon cœur opprimé
Demande des fecours au DIEU qui l'a formé.
Enfants du Tout-puiffant, mais nés dans la mifére,
Nous étendons les mains vers notre commun pére.
Le vafe, on le fait bien, ne dit point au potier,
Pourquoi fuis-je fi vil, fi faible, fi groffier?
Il n'a point la parole, il n'a point la penfée ;
Cette urne en fe formant, qui tombe fracaffée,
De la main du potier ne reçut point un cœur,

Qui

a Voyez les notes à la fin du Poëme.
† *Sub Deo jufto nemo mifer nifi mereatur.* ST. AUGUSTIN.

Qui défirât les biens, & fentît fon malheur.
Ce malheur, dites-vous, eft le bien d'un autre Etre.
De mon corps tout fanglant mille infectes vont naître:
Quand la mort met le comble aux maux que j'ai foufferts,
Le beau foulagement d'ètre mangé des vers!
Triftes calculateurs des mifères humaines,
Ne me confolez point; vous aigriffez mes peines:
Et je ne vois en vous que l'effort impuiffant
D'un fier infortuné qui feint d'ètre content.

    Je ne fuis du grand *Tout* qu'une faible partie:
Oui; mais les animaux condamnés à la vie,
Tous les ètres fentants nés fous la mème loi,
Vivent dans la douleur, & meurent comme moi.

    Le vautour acharné fur fa timide proie,
De fes membres fanglants fe repaît avec joie:
Tout femble *bien* pour lui, mais bientôt à fon tour
Une aigle au bec tranchant dévore le vautour.
L'homme d'un plomb mortel atteint cette aigle altiére;
Et l'homme aux champs de Mars couché fur la pouffiére,
Sanglant, percé de coups, fur un tas de mourants,
Sert d'aliment affreux aux oifeaux dévorants.
Ainfi du Monde entier tous les membres gémiffent;
Nés tous pour les tourmens, l'un par l'autre ils périffent:
Et vous compoferez, dans ce cahos fatal,
Des malheurs de chaque ètre un bonheur général?
Quel bonheur! ô mortel, & faible, & miférable!
Vous criez, *Tout eft bien*, d'une voix lamentable.
L'Univers vous dément, & vôtre propre cœur

Cent

Cent fois de vôtre efprit a réfuté l'erreur.

Eléments, Animaux, Humains, tout eft en guerre.

Il le faut avoüer, le *mal* eft fur la Terre :

Son principe fecret ne nous eft point connu.

De l'Auteur de tout bien le mal eft-il venu ?

Eft-ce le noir *Tiphon* *, le barbare *Arimane* †,

Dont la loi tyrannique à fouffrir nous condamne ?

Mon efprit n'admet point ces monftres odieux,

Dont le Monde en tremblant fit autrefois des Dieux.

Mais comment concevoir, un DIEU, la bonté même,

Qui prodigua fes biens à fes enfans qu'il aime,

Et qui verfa fur eux les maux à pleines mains ?

Quel œuil peut pénétrer dans fes profonds deffeins ?

De l'Etre Tout-Parfait le mal ne pouvait naître ;

Il ne vient point d'autrui, ** puifque DIEU feul eft Maître.

Il exifte pourtant. O triftes vérités !

O mélange étonnant de contrariétés !

Un DIEU vint confoler nôtre race affligée ;

Il vifita la Terre, & ne l'a point changée ; §

Un Sophifte arrogant nous dit qu'il ne l'a pû ;

Il le pouvait, dit l'autre, & ne l'a point voulu :

Il le voudra fans doute. Et tandis qu'on raifonne,

Des

* Principe du mal chez les Egyptiens.

† Principe du mal chez les Perfes.

** C'eft-à-dire d'un autre Principe.

§ Un Philofophe Anglais a prétendu que le Monde Phyfique avait dû être changé au premier avénement, comme le Monde Moral.

Des foudres fouterrains engloutiffent Lisbonne,
Et de trente Cités difperfent les débris,
Des bords fanglants du Tage, à la Mer de Cadis.

   Ou l'homme eft né coupable, & Dieu punit fa race,
Ou ce Maître abfolu de l'être & de l'efpace,
Sans couroux, fans pitié, tranquille, indifférent,
De fes premiers décrets fuit l'éternel torrent;
Ou la matiére informe à fon Maître rebelle,
Porte en foi des défauts *néceffaires* comme elle;
Ou bien Dieu nous éprouve; & ce féjour mortel *
N'eft qu'un paffage étroit vers un Monde éternel.
Nous effuyons ici des douleurs paffagères.
Le trépas eft un bien qui finit nos mifères.
Mais quand nous fortirons de ce paffage affreux,
Qui de nous prétendra mériter d'être heureux?

   Quelque parti qu'on prenne, on doit frémir fans doute:
Il n'eft rien qu'on connaiffe, & rien qu'on ne redoute.
La Nature eft muette, on l'interroge en vain.
On a befoin d'un Dieu, qui parle au Genre-humain.
Il n'apartient qu'à lui d'expliquer fon ouvrage,
De confoler le faible, & d'éclairer le fage.
L'homme au doute, à l'erreur, abandonné fans lui,
Cherche en vain des rofeaux qui lui fervent d'apui.
Leibnitz ne m'aprend point, par quels nœuds invifibles

Dans

---

* Voila avec l'opinion des deux Principes toutes les folutions qui fe préfentent à l'efprit humain dans cette grande diffi-culté; & la Révélation feule peut enfeigner ce que l'efprit humain ne faurait comprendre.

Dans le mieux ordonné des Univers poffibles,
Un défordre éternel, un cahos de malheurs,
Mèle à nos vains plaifirs de réelles douleurs;
Ni pourquoi l'innocent, ainfi que le coupable,
Subit également ce mal inévitable;
Je ne conçois pas plus comment tout ferait *bien*:
Je fuis comme un Docteur, hélas! je ne fai rien.

Platon dit qu'autrefois l'homme avait eu des aîles,
Un corps impénétrable aux atteintes mortelles;
La douleur, le trépas, n'aprochaient point de lui.
De cet état brillant, qu'il diffère aujourdhui!
Il rampe, il fouffre, il meurt; tout ce qui nait, expire;
De la deftruction la Nature eft l'Empire.
Un faible compofé de nerfs & d'offements
Ne peut ètre infenfible au choc des élémens;
Ce mèlange de fang, de liqueurs, & de poudre,
Puis qu'il fut affemblé, fut fait pour fe diffoudre.
Et le fentiment promt de ces nerfs délicats
Fut foumis aux douleurs miniftres du trépas.
C'eft là ce que m'aprend la voix de la Nature.
J'abandonne *Platon*, je rejette *Epicure*.
Bayle en fait plus qu'eux tous: je vai le confulter:
La balance à la main, *Bayle* enfeigne à douter. *b*
Affez fage, affez grand pour ètre fans fyftème,
Il les a tous détruits & fe combat lui-mème:
Semblablé à cet aveugle en butte aux Philiftins,

Qui

b Voyez les notes à la fin du Poëme.

Qui tomba fous les murs abattus par fes mains.

Que peut donc de l'efprit la plus vafte étendue?
Rien: le livre du Sort fe ferme à notre vue.
L'homme étranger à foi, de l'homme eft ignoré.
Que fuis-je? où fuis-je? où vai-je? & d'où fuis-je tiré? c
Atomes tourmentés fur cet amas de boue,
Que la mort engloutit, & dont le fort fe joue,
Mais atomes penfants, atomes dont les yeux
Guidés par la penfée ont mefuré les Cieux;
Au fein de l'infini nous élançons notre être,
Sans pouvoir un moment nous voir & nous connaître.

Ce monde, ce théatre, & d'orgueil & d'erreur,
Eft plein d'infortunés qui parlent de bonheur.
Tout fe plaint, tout gémit en cherchant le bien-être;
Nul ne voudrait mourir; nul ne voudrait renaître. *
Quelquefois dans nos jours confacrés aux douleurs,
Par la main du plaifir nous effuyons nos pleurs.
Mais le plaifir s'envole & paffe comme une ombre.
Nos chagrins, nos regrets, nos pertes font fans nombre.
Le paffé n'eft pour nous qu'un trifte fouvenir ;
Le préfent eft affreux, s'il n'eft point d'avenir,
Si la nuit du tombeau détruit l'être qui penfe.

Un jour tout fera bien, voilà notre efpérance;
Tout eft bien aujourdhui, voilà l'illufion.

Les

---

c Voyez les notes à la fin du Poëme.

* On trouve difficilement une perfonne qui voulût recommencer la même carrière qu'elle a courtie, & repaffer par les mêmes événements.

Les Sages me trompaient, & DIEU feul a raifon.
Humble dans mes foupirs, foumis dans ma foufrance,
Je ne m'éléve point contre la Providence.
Sur un ton moins lugubre on me vit autrefois,
Chanter des doux plaifirs les féduifantes loix.
D'autres tems d'autres mœurs: inftruit par la vieilleffe,
Des humains égarés partageant la faibleffe,
Dans une épaiffe nuit cherchant à m'éclairer,
Je ne fai que fouffrir, & non pas murmurer.
    Un Calife autrefois à fon heure derniére
Au DIEU qu'il adorait dit pour toute priére:
Je t'apporte, ô feul Roi, feul être illimité,
Tout ce que tu n'as point dans ton immenfité;
Les défauts, les regrets, les maux & l'ignorance.
Mais il pouvait encor ajouter L'ESPERANCE. d

d Voyez les notes à la fin du Poëme.

NOTES.

a DIEU *tient en main la chaîne, & n'eſt point enchaîné ;*

a La Chaîne Univerſelle n'eſt pas, comme on l'a dit, une gradation ſuivie qui lie tous les êtres. Il y a probablement une diſtance immenſe entre l'homme & la brute, entre l'homme & les ſubſtances ſupérieures ; il y a l'Infini entre DIEU & toutes les ſubſtances. Les Globes qui roulent autour de nôtre Soleil n'ont rien de ces gradations inſenſibles, ni dans leur groſſeur, ni dans leurs diſtances, ni dans leurs Satellites.

Pope dit que l'homme ne peut ſavoir pourquoi les Lunes de *Jupiter* ſont moins grandes que *Jupiter* ; il ſe trompe en cela ; c'eſt une erreur pardonnable qui a pû échaper à ſon beau génie. Il n'y a point de Mathématicien qui n'eût fait voir au Lord *Bollingbroke*, & à Mr. *Pope*, que ſi *Jupiter* était plus petit que ſes Satellites, ils ne pouraient pas tourner autour de lui ; mais il n'y a point de Mathématicien qui pût découvrir une gradation ſuivie dans les corps du Syſtême Solaire.

Il n'eſt pas vrai que ſi on ôtait un atome du Monde, le Monde ne pourait ſubſiſter : & c'eſt ce que Mr. *De Crouzas*, ſavant Géomètre, remarqua très bien dans ſon Livre contre Mr. *Pope*. Il paraît qu'il avait raiſon en ce point, quoique ſur d'autres il ait été invinciblement refuté par Mrs. *Warburton & Silhouëtte*.

Cette chaîne des événements a été admiſe & très ingénieuſement défendue par le grand Philoſophe *Leibnitz* ; elle mérite d'être éclaircie. Tous les corps, tous les événements dépendent d'autres corps & d'autres événements. Cela eſt vrai : mais tous les corps ne ſont pas néceſſaires à l'ordre & à la conſervation de l'Univers ; & tous les événements ne ſont pas eſſentiels à la ſérie des événements. Une goute d'eau, un grain de ſable de plus ou de moins, ne peuvent rien changer à la conſtitution générale. La Nature n'eſt aſſervie ni à aucune quantité préciſe, ni à aucune forme préciſe. Nulle Planète ne ſe meut dans une Courbe abſolument réguliére ; nul être connu n'eſt d'une figure préciſément Mathématique : nulle quantité préciſe n'eſt requiſe pour nulle opération : la Nature n'agit jamais rigoureuſement. Ainſi on n'a aucune raiſon d'aſſurer qu'un atome de moins ſur la Terre, ſerait la cauſe de la deſtruction de la Terre.

Il en eſt de même des événements. Chacun d'eux a ſa cauſe dans l'événement qui précéde ; c'eſt une choſe dont aucun Philoſophe n'a jamais douté. Si on n'avait pas fait l'opération Céſarienne à la mére de *Céſar*, *Céſar* n'aurait pas détruit la République ; il n'eût pas adopté *Octave*, & *Octave* n'eût pas laiſſé l'Empire à *Tibère*. *Maximilien* épouſe l'héritiére de la Bourgogne & des Pays-bas, & ce mariage devient la ſource de deux-cent ans de guerre. Mais que *Céſar* ait craché à droite ou à gauche, que l'héritiére de Bourgogne ait arrangé ſa coëffure d'une manière ou d'une autre, cela n'a certainement rien changé au ſyſtême général.

Il y a donc des événements qui ont des effets, & d'autres qui n'en ont pas. Il en eſt de leur chaîne comme d'un arbre généalogique ; on y voit des branches qui s'éteignent à la première génération, & d'autres qui continuent la race. Pluſieurs événements reſtent ſans filiation. C'eſt ainſi que dans toute machine, il y a des effets néceſſaires au mouvement, & d'autres effets indifférents qui ſont la ſuite des premiers, & qui ne produiſent rien. Les roües d'un caroſſe ſervent à le faire marcher ; mais qu'elles faſſent voler un peu plus ou un peu moins de pouſſiére, le voyage ſe fait également. Tel eſt donc l'ordre général du Monde, que les chaînons de la chaîne ne ſeraient point dérangés par un peu plus ou un peu moins de matiére, par un peu plus ou un peu moins d'irrégularité.

La chaîne n'eſt pas dans un plein abſolu ; il eſt démontré que les Corps Céleſtes font leurs révolutions dans l'eſpace non réſiſtant. Tout l'eſpace n'eſt pas rempli. Il n'y a donc pas une ſuite de Corps depuis un atome juſqu'à la plus reculée des Etoiles. Il peut donc y avoir des intervalles immenſes entre les êtres ſenſibles, comme entre les inſenſibles. On ne peut donc aſſurer que l'Homme ſoit néceſſairement placé dans un des chaînons attachés l'un à l'autre par une ſuite non interrompue. *Tout eſt enchaîné*, ne veut dire autre choſe, ſinon, que tout eſt arrangé. DIEU eſt la Cauſe & le Maître de cet arrangement. Le *Jupiter d'Homère* était l'eſclave des Deſtins ; mais dans une Philoſophie plus épurée, DIEU eſt le Maître des Deſtins. *Voyez* Clarke *Traité de l'exiſtence de* DIEU.

b La balance à la main, Bayle enſeigne à douter.

b Une centaine de remarques répandues dans le Dictionnaire de *Bayle* lui ont fait une réputation immortelle. Il a laiſſé la diſpute ſur *l'origine du mal* indéciſe. Chez lui toutes les opinions ſont expoſées ; toutes les raiſons qui les ſoutiennent, toutes les raiſons

B 2

qui

qui les ébranlent, font également aprofondies ; c'eft l'Avocat général des Philofophes , mais il ne donne point fes conclufions. Il
eft comme *Ciceron* , qui fouvent dans fes ouvrages Philofophiques
foutient fon caractère d'Académicien indécis , ainfi que l'a remar-
qué le favant & judicieux Abbé d'*Olivet*.

Je crois devoir effayer ici d'adoucir ceux qui s'acharnent depuis
quelques années avec tant de violence & fi vainement contre *Bayle* :
j'ai tort de dire vainement, car ils ne fervent qu'à le faire lire avec
plus d'avidité : ils devraient aprendre de lui à raifonner & à être
modérés. Jamais d'ailleurs le Philofophe *Bayle* n'a nié ni la Providence ni l'immortalité de l'Ame. On traduit *Ciceron* , on le com-
mente, on le fait fervir à l'éducation des Princes. Mais que trou-
ve-t-on prefque à chaque page dans *Ciceron* parmi plufieurs chofes
admirables ? on y trouve que *s'il eft une Providence , elle eft blâma-
ble d'avoir donné aux hommes une intelligence dont elle favait qu'ils
devaient abufer.* Sic veftra ifta providentia reprehendenda quæ ra-
tionem dederit eis quos fcierit ea perverfè ufuros. (*Libro tertio de
natura Deorum.*)

*Jamais perfonne n'a cru que la vertu vint des Dieux, & on a eu
raifon.* Virtutem nunquam Deo acceptam nemo retulit, nimirùm
rectè. *Idem.*

*Qu'un Criminel meure impuni, vous dites que les Dieux le frapent
dans fa poftérité. Une ville foutfrirait-elle un Légiflateur qui condamne-
rait les petits enfants pour les crimes de leur grand-pére ?* Ferretne ulla
civitas latorem legis ut condemnaretur nepos fi avus deliquiffet?

Et ce qu'il y a de plus étrange, c'eft que *Ciceron* finit fon Livre
de la *Nature des Dieux* fans réfuter de telles affertions. Il foutient
en cent endroits la mortalité de l'Ame dans fes Tufculanes, après
avoir foutenu fon immortalité.

Il y a bien plus. C'eft à tout le Sénat de Rome qu'il dit dans fon
playdoyer pour *Cluentius* : *Quel mal lui a fait la mort ? Nous rejettons
tous les Fables ineptes des Enfers. Qu'eft-ce donc que la mort lui a
ôté , finon le fentiment des douleurs ?* Quid illi mors attulit mali, nifi
forte ineptiis ac fabulis ducimur ut exiftimemus illum apud Infe-
ros fupplicia perferre ? quæ fi falfa funt quod omnes intelligunt,
quid ei mors eripuit præter fenfum doloris ?

Enfin dans fes lettres où le cœur parle, ne dit-il pas , *Cum non
ero , fenfu omni carebo* : Quand je ne ferai plus, tout fentiment pé-
rira avec moi ?

Jamais *Bayle* n'a rien dit d'aprochant. Cependant on met *Ciceron* entre les mains de la jeuneffe ; on fe déchaine contre *Bayle*.
Pourquoi ? c'eft que les hommes font inconféquens , c'eft qu'ils
font injuftes.

                                                              c Que

c. Que suis-je? où suis-je? où vai je? & d'où suis-je tiré?

c Il est clair que l'homme ne peut par lui-même être instruit de tout cela. L'esprit humain n'aquiert aucune notion que par l'expérience ; nulle expérience ne peut nous aprendre ni ce qui était avant notre existence , ni ce qui est après ; ni ce qui anime notre existence présente. Comment avons-nous reçu la vie ? quel ressort la soutient ? comment nôtre cerveau a-t-il des idées & de la mémoire ? comment nos membres obéissent-ils incontinent à nôtre volonté ? &c. nous n'en savons rien. Ce globe est-il seul habité ? A-t-il été fait après d'autres globes, ou dans le même instant ? Chaque genre de plantes vient-il ou non d'une première plante ? Chaque genre d'animaux est-il produit ou non par deux premiers animaux ? Les plus grands Philosophes n'en savent pas plus sur ces matiéres que les plus ignorans des hommes. Il en faut revenir à ce proverbe populaire : *La poule a-t-elle été avant l'œuf , ou l'œuf avant la poule ?* Le proverbe est bas : mais il confond la plus haute sagesse, qui ne sait rien sur les premiers principes des choses sans un secours surnaturel.

d Mais il pouvait encor ajouter l'Espérance.

d La plupart des hommes ont eu cette Espérance, avant même qu'ils eussent le secours de la Révélation. L'espoir d'être après la mort, est fondé sur l'amour de l'être pendant la vie ; il est fondé sur la probabilité que ce qui pense pensera. On n'en a point de démonstration ; parce qu'une chose démontrée est une chose dont le contraire est une contradiction , & parce qu'il n'y a jamais eu de disputes sur les vérités démontrées. *Lucrèce* pour détruire cette Espérance aporte dans son troisième Livre des arguments dont la force afflige ; mais il n'oppose que des vraisemblances à des vraisemblances plus fortes. Plusieurs Romains pensaient comme *Lucrèce* ; & on chantait sur le Théatre de Rome ; *post mortem nihil est, il n'est rien après la mort.* Mais l'instinct, la raison, le besoin d'être consolé, le bien de la société prévalurent ; & les hommes ont toujours eu l'espérance d'une vie à venir : espérance, à la vérité, souvent accompagnée de doute. La Révélation détruit le doute , & met la certitude à la place.

P R E-

PREFACE

SUR LE

POEME DE LA LOI

NATURELLE.

ON fait affez que ce Poëme n'avait point été fait pour être public: c'était depuis trois ans un fecret entre un grand Roi & l'Auteur. Il n'y a que trois mois qu'il s'en répandit quelques copies dans Paris, & bientôt après il y fut imprimé plufieurs fois d'une manière auffi fautive que les autres ouvrages qui font partis de la même plume.

Il ferait jufte d'avoir plus d'indulgence pour un écrit fecret tiré de l'obfcurité où fon Auteur l'avait condamné, que pour un ouvrage qu'un Ecrivain expofe lui-même au grand jour. Il ferait encor jufte de ne pas juger le Poëme d'un Laïque comme on jugerait une Thèfe de Théologie. Ces deux Poëmes font les fruits d'un arbre tranfplanté. Quelques-uns de ces fruits peu-

vent n'être pas du gout de quelques perſonnes : ils ſont
d'un climat étranger ; mais il n'y en a aucun d'empoi-
ſonné, & pluſieurs peuvent être ſalutaires.

Il faut regarder cet Ouvrage comme une lettre où
l'on expoſe en liberté ſes ſentimens. La plupart des
livres reſſemblent à ces converſations générales & gènées,
dans leſquelles on dit rarement ce qu'on penſe. L'Auteur
a dit ici ce qu'il a penſé à un Prince Philoſophe auprès
duquel il avait alors l'honneur de vivre. Il a apris
que des eſprits éclairés n'ont pas été mécontens de cette ébauche : ils ont jugé que le Poëme ſur la Loi Naturelle eſt une préparation à des vérités plus ſublimes.
Cela ſeul aurait déterminé l'Auteur à rendre l'ouvrage
plus complet & plus correct, ſi ſes infirmités l'avaient
permis. Il a été obligé de ſe borner à corriger les fau-
tes dont fourmillent les éditions qu'on en a faites.

Les louanges données dans cet écrit à un Prince qui
ne cherchait pas ces louanges, ne doivent ſurprendre
perſonne : elles n'avaient rien de la flatterie, elles par-
taient du cœur ; ce n'eſt pas là de cet encens que l'intérêt prodigue à la puiſſance. L'homme de Lettres pouvait ne pas mériter les éloges & les bontés dont le Monarque le comblait, mais le Monarque méritait la vérité que l'homme de Lettres lui diſait dans cet ouvrage. Les changements ſurvenus depuis dans un commer-
ce ſi honorable pour la Littérature n'ont point altéré
les ſentimens qu'il avait fait naître.

Enfin puiſqu'on a arraché au ſecret & à l'obſcurité

un écrit deſtiné à ne point paraître, il ſubſiſtera chez quelques Sages comme un monument d'une correſpondance philoſophique qui ne devait point finir; & on ajoute que ſi la faibleſſe humaine ſe fait ſentir partout, la vraie Philoſophie dompte toujours cette faibleſſe.

Au reſte ce faible Eſſay fut compoſé à l'occaſion d'une petite brochure qui parut en ce tems-là. Elle était intitulée *Du Souverain bien*; & elle devait l'ètre *Du Souverain mal.* On y prétendait qu'il n'y a ni vertu, ni vice, & que les remords ſont une faibleſſe d'éducation qu'il faut étouffer. L'Auteur du Poëme prétend que les remords nous ſont auſſi naturels que les autres affections de nôtre ame. Si la fougue d'une paſſion fait commettre une faute, la nature rendue à elle-mème ſent cette faute. La fille ſauvage trouvée près de Châlons avoua que dans la colére elle avait donné à ſa compagne un coup dont cette infortunée mourut entre ſes bras. Dès qu'elle vit ſon ſang couler, elle ſe repentit, elle pleura, elle étancha ce ſang, elle mit des herbes ſur la bleſſure. Ceux qui diſent que ce retour d'humanité n'eſt qu'une branche de nôtre amour propre, font bien de l'honneur à l'amour propre. Qu'on appelle la raiſon & les remords comme on voudra, ils exiſtent, & ils ſont les fondements de la Loi Naturelle.

L A

LA
LOI NATURELLE,

POEME

EN QUATRE PARTIES.

EXORDE.

O Vous, dont les Exploits, le Régne & les Ouvrages
    Deviendront la leçon des Héros & des Sages,
Qui voyez d'un même œuil les caprices du fort,
Le Trône & la Cabane, & la vie & la mort;
Philofophe intrépide, affermiffez mon ame,
Couvrez-moi des rayons de cette pure flâme,
Qu'allume la raifon, qu'éteint le préjugé.
Dans cette nuit d'erreur, où le monde eft plongé,
Apportons, s'il fe peut, une faible lumiére.
Nos premiers entretiens, notre étude premiére,
Etaient, je m'en fouviens, *Horace* avec *Boileau*.
Vous y cherchiez le *vrai*, vous y goûtiez le *beau*;
Quelques traits échappés d'une utile Morale,
Dans leurs piquants Ecrits brillent par intervale;

Mais

Mais *Pope* approfondit ce qu'ils ont effleuré.
D'un efprit plus hardi, d'un pas plus affuré,
Il porta le flambeau dans l'abîme de l'être,
Et l'homme avec lui feul apprit à fe connaître.
L'art quelquefois frivole, & quelquefois divin,
L'art des vers eft dans *Pope* utile au genre humain.
Que m'importe en effet que le flatteur d'*Octave*,
Parafite difcret, non moins qu'adroit efclave,
Du lit de fa *Glicére*, ou de *Ligurinus*,
En Profe mefurée infulte à *Crifpinus?*
Que *Boileau* répandant plus de fel que de grace,
Veuille outrager *Quinaut*, penfe avilir le *Taffe?*
Qu'il peigne de Paris les triftes embarras,
Ou décrive en beaux vers un fort mauvais repas?
Il faut d'autres objets à votre intelligence.
De l'Efprit qui vous meut vous recherchez l'effence,
Son principe, fa fin, & furtout fon devoir.
Voyons fur ce grand point ce qu'on a pû fçavoir,
Ce que l'erreur fait croire aux Docteurs du vulgaire,
Et ce que vous infpire un DIEU qui vous éclaire.
Dans le fond de nos cœurs il faut chercher fes traits:
Si DIEU n'eft pas dans nous, il n'exifta jamais.
Ne pouvons-nous trouver l'Auteur de nôtre vie
Qu'au Labyrinthe obfcur de la Théologie?
Origène & *Jean Scot* font chez vous fans crédit :
La Nature en fait plus qu'ils n'en ont jamais dit.
Ecartons ces Romans qu'on appelle fyftèmes,
Et pour nous élever defcendons dans nous-mêmes.

PRE-

PREMIERE PARTIE.

DIEU *a donné aux hommes les idées de la jus-*
tice, & la conscience pour les avertir, com-
me il leur a donné tout ce qui leur est né-
cessaire. C'est là cette Loi Naturelle sur la-
quelle la Religion est fondée. C'est ce seul
principe qu'on dévelope ici. L'on ne parle que
de la Loi Naturelle, & non de la Religion
& de ses augustes Mistères.

a SOit qu'un Etre inconnu, par lui seul existant,
    Ait tiré depuis peu l'Univers du néant,
Soit qu'il ait arrangé la matiére éternelle,
Qu'elle nage en son sein, ou qu'il régne loin d'elle ;
Que l'ame, ce flambeau souvent si ténébreux,
Ou soit un de nos sens, ou subsiste sans eux :
Vous êtes sous la main de ce Maître invisible.
  Mais du haut de son Trône obscur, inaccessible,
Quel hommage, quel culte exige-t-il de vous ?
De sa grandeur suprême indignement jaloux,
Des louanges, des vœux, flattent-ils sa puissance ?
Est-ce le peuple altier, conquérant de Bisance,
Le tranquille Chinois, le Tartare indompté,

                        Qui

a Voyez les notes à la fin du Poëme.

Qui connaît son essence, & suit sa volonté?
Différens dans leurs mœurs, ainsi qu'en leur hommage,
Ils lui font tenir tous un différent langage.
Tous se sont donc trompés. Mais détournons les yeux
De cet impur amas d'imposteurs odieux : *
Et sans vouloir sonder, d'un regard téméraire,
De la Loi des Chrètiens l'ineffable mystère,
Sans expliquer en vain ce qui fut révélé,
Cherchons par la raison si Dieu n'a point parlé.
　　La Nature a fourni d'une main salutaire
Tout ce qui dans la vie à l'homme est nécessaire,
Les ressorts de son ame, & l'instinct de ses sens.
Le Ciel à ses besoins soumet les éléments.
Dans les plis du cerveau la mémoire habitante,
Y peint de la Nature une image vivante.
Chaque objet de ses sens prévient la volonté.
Le son dans son oreille est par l'air aporté :
Sans efforts & sans soins son œil voit la lumiére.
Sur son Dieu, sur sa fin, sur sa cause premiére,
L'homme est-il sans secours à l'erreur attaché?
Quoi! le Monde est visible, & Dieu serait caché!
Quoi! le plus grand besoin que j'aye en ma misère,
Est le seul qu'en effet je ne peux satisfaire?
Non : le Dieu qui m'a fait, ne m'à point fait en vain.
Sur le front des mortels il mit son sceau divin.
Je ne puis ignorer ce qu'ordonna mon Maître ;

Il

* Il faut distinguer *Confuzée*, Naturelle, & qui a fait tout ce
qui s'en est tenu à la Religion qu'on peut faire sans Révélation.

Il m'a donné sa Loi, puisqu'il m'a donné l'être.
Sans doute il a parlé, mais c'est à l'Univers ;
Il n'a point de l'Egypte habité les déserts.
Delphes, Delos, Ammon, ne sont pas ses aziles.
Il ne se cacha point aux antres des Sibylles.
La Morale uniforme en tout tems, en tout lieu,
A des siécles sans fin parle au nom de ce DIEU.
C'est la loi de *Trajan*, de *Socrate*, & la vôtre.
De ce Culte éternel la Nature est l'Apotre ;
Le bon sens la reçoit, & les remords vengeurs,
Nés de la conscience, en font les défenseurs.
Leur redoutable voix partout se fait entendre.

Pensez-vous en effet que ce jeune *Alexandre*,
Aussi vaillant que vous, mais bien moins modéré,
Teint du sang d'un ami trop inconsidéré,
Ait pour se repentir consulté des Augures ?
Ils auraient dans leurs eaux lavé ses mains impures ;
Ils auraient à prix d'or absous bientôt le Roi.
Sans eux, de la Nature il écouta la Loi ;
Honteux, désespéré d'un moment de furie,
Il se jugea lui-même indigne de la vie.
Cette loi souveraine, à la Chine, au Japon,
Inspira *Zoroastre*, illumina *Solon* ;
D'un bout du Monde à l'autre elle parle, elle crie,
ADORE UN DIEU, SOIS JUSTE, ET CHERIS TA PATRIE.
Ainsi le froid Lapon crut un Etre éternel ;
Il eut de la justice un instinct naturel ;
Et le Négre vendu sur un lointain rivage,

Dans

Dans les Négres encor aima fa noire·image.
Jamais un parricide, un calomniateur,
N'a dit tranquilement, dans le fond de fon cœur:
» Qu'il eft beau, qu'il eft doux d'accabler l'innocence,
» De déchirer le fein qui nous donna naiffance!
» DIEU jufte, DIEU parfait! que le crime a d'appas!
Voilà ce qu'on dirait, mortels, n'en doutez pas,
S'il n'était une Loi terrible, univerfelle,
Que refpecte le crime en s'élevant contre elle.
Eft-ce nous qui créons ces profonds fentiments?
Avons-nous fait nôtre ame? avons-nous fait nos fens?
L'or qui nait au Pérou, l'or qui nait à la Chine,
Ont la même nature, & la même origine:
L'Artifan les façonne, & ne peut les former.
Ainfi l'Etre éternel, qui nous daigne animer,
Jetta dans tous les cœurs une même femence.
Le Ciel fit la vertu; l'homme en fit l'apparence.
Il peut la revêtir d'impofture & d'erreur;
Il ne peut la changer; fon Juge eft dans fon cœur.

SECON-

SECONDE PARTIE.

Réponses aux objections contre les principes d'u-
ne Morale universelle. Preuve de cette vé-
rité.

J'Entends avec *Cardan*, *Spinosa* qui murmure.
  Ces remords, me dit-il, ces cris de la Nature,
Ne font que l'habitude, & les illusions,
Qu'un befoin mutuel infpire aux Nations.
Raifonneur malheureux, ennemi de toi-même,
D'où nous vient ce befoin ? pourquoi l'Etre Suprême
Mit-il dans notre cœur à l'intérêt porté
Un inftinct qui nous lie à la fociété ?
Les loix que nous faifons, fragiles, inconftantes,
Ouvrages d'un moment, font partout différentes.
Jacob chez les Hébreux put époufer deux fœurs;
David, fans offenfer la décence & les mœurs,
Flatta de cent Beautés la tendreffe importune;
Le Pape au Vatican n'en peut poffeder une;
Là, le pére à fon gré choifit fon fucceffeur;
Ici, l'heureux ainé de tout eft poffeffeur.
Un Polaque à mouftache, à la démarche altiére,
Peut arrêter d'un mot fa République entiére.
L'Empereur ne peut rien fans fes chers Electeurs.
L'Anglais a du crédit, le Pape a des honneurs.

                                        Ufa-

Ufages, Intérèts, Culte, Loix, tout diffère.
Qu'on foit jufte, il fuffit, le refte eft arbitraire. *
    Mais tandis qu'on admire & ce jufte & ce beau,
Londre immole fon Roi par la main d'un bourreau;
Du Pape *Borgia* le bâtard fanguinaire,
Dans les bras de fa fœur affaffine fon frère:
Là, le froid Hollandais devient impétueux,
Il déchire en morceaux deux frères vertueux;
Plus loin la *Brinvilliers*, dévote avec tendreffe,
Empoifonne fon pére en courant à confeffe;
Sous le fer du méchant le jufte eft abattu.
Hé bien conclurez-vous qu'il n'eft point de vertu?
Quand des vents du Midi les funeftes haleines,
De femences de mort ont inondé nos plaines,
Direz-vous que jamais le Ciel en fon courroux
Ne laiffa la fanté féjourner parmi nous?
Tous les divers fléaux dont le poids nous accable,
Du choc des élémens effet inévitable,
Des biens que nous goûtons corrompent la douceur;
Mais tout eft paffager, le crime & le malheur.
De nos défirs fougueux la tempète fatale
Laiffe au fond de nos cœurs la Régle & la Morale.
C'eft une fource pure: en vain dans fes canaux
Les vents contagieux en ont troublé les eaux;

                               En

---

* Il eft évident que cet *arbitraire* ne regarde que les chofes d'inftitution, les Loix civiles, la Difcipline, qui changent tous les jours felon le befoin.

En vain fur la furface une fange étrangère
Apporte en bouillonnant un limon qui l'altère;
L'homme le plus injufte & le moins policé,
S'y contemple aifément quand l'orage eft paffé.
Tous ont reçu du Ciel, avec l'intelligence,
Ce frein de la juftice & de la confcience.
De la raifon naiffante elle eft le premier fruit;
Dès qu'on la peut entendre, auffi-tôt elle inftruit:
Contrepoids toujours promt à rendre l'équilibre
Au cœur plein de defirs, affervi, mais né libre;
Arme que la Nature a mis en notre main,
Qui combat l'intérèt par l'amour du prochain.
De *Socrate* en un mot c'eft-là l'heureux génie;
C'eft-là ce DIEU fecret qui dirigeait fa vie,
Ce DIEU qui jufqu'au bout préfidait à fon fort,
Quand il but fans pâlir la coupe de la mort.
Quoi! cet Efprit Divin n'eft-il que pour *Socrate?*
Tout mortel a le fien qui jamais ne le flatte.
Néron cinq ans entiers fut foumis à fes loix,
Cinq ans des corrupteurs il repouffa la voix.
Marc-Aurèle apuyé fur la Philofophie,
Porta ce joug heureux tout le tems de fa vie.
Julien s'égarant dans fa Religion,
Infidéle à la Foi, fidéle à la Raifon,
Scandale de l'Eglife, & des Rois le modèle,
Ne s'écarta jamais de la Loi Naturelle.
   On infifte, on me dit; L'enfant dans fon berceau
N'eft point illuminé par ce divin flambéau;

C

C'eft

C'eſt l'éducation qui forme ſes penſées,
Par l'exemple d'autrui ſes mœurs lui ſont tracées ;
Il n'a rien dans l'eſprit, il n'a rien dans le cœur ;
De ce qui l'environne il n'eſt qu'imitateur ;
Il répète les noms de devoir, de juſtice,
Il agit en machine : & c'eſt par ſa nourrice
Qu'il eſt Juif ou Payen, fidèle ou Muſulman,
Vétu d'un juſte-au-corps, ou bien d'un Doliman.
  Oui, de l'exemple en nous je ſai quel eſt l'empire ;
Il eſt des ſentimens que l'habitude inſpire.
Le langage, la mode, & les opinions,
Tous les déhors de l'ame, & ſes préventions,
Dans nos faibles eſprits ſont gravés par nos Pères,
Du cachet des mortels impreſſions légères.
Mais les premiers reſſorts ſont faits d'une autre main ;
Leur pouvoir eſt conſtant, leur principe eſt divin.
Il faut que l'enfant croiſſe, afin qu'il les exerce ;
Il ne les connaît pas ſous la main qui le berce.
Le moineau dans l'inſtant qu'il a reçû le jour,
Sans plumes dans ſon nid peut-il ſentir l'amour ?
Le renard en naiſſant va-t-il chercher ſa proïe ?
Les inſectes changeants, qui nous filent la ſoïe,
Les eſſains bourdonnants de ces filles du Ciel,
Qui pait riſſent la cire & compoſent le miel,
Si-tôt qu'ils ſont éclos forment-ils leur ouvrage ?
Tout meurit par le tems, & s'accroit par l'uſage.
Chaque être a ſon objet, & dans l'inſtant marqué
Il marche vers le but par le Ciel indiqué.

                                        De

De ce but, il eſt vrai, s'écartent nos caprices.
Le juſte quelquefois commet des injuſtices.
On fuit le bien qu'on aime, on hait le mal qu'on fait.
De foi-même en tout tems quel cœur eſt fatisfait ?

    L'homme (on nous l'a tant dit) eſt une énigme obſcure;
Mais en quoi l'eſt-il plus que toute la Nature ?
Avez-vous pénétré, Philoſophes nouveaux ,
Cet inſtinct ſûr & promt qui ſert les animaux ?
Dans ſon germe impalpable avez-vous pû connaître
L'herbe qu'on foule aux pieds, & qui meurt pour renaître ?
Sur ce vaſte Univers un grand voile eſt jetté ;
Mais dans les profondeurs de cette obſcurité,
Si la raiſon nous luit, qu'avons-nous à nous plaindre ?
Nous n'avons qu'un flambeau, gardons-nous de l'éteindre.

    Quand de l'immenſité DIEU peupla les déſerts,
Alluma des Soleils & ſouleva des Mers ;
Demeurez, leur dit-il, dans vos bornes preſcrites.
Tous les Mondes naiſſants connurent leurs limites.
Il impoſa des Loix à *Saturne*, à *Vénus*,
Aux ſeize orbes divers dans nos Cieux contenus,
Aux élémens unis, dans leur utile guerre,
A la courſe des vents, aux flèches du tonnerre,
A l'animal qui penſe, & né pour l'adorer,
Au ver qui nous attend, né pour nous dévorer.
Aurons-nous bien l'audace, en nos faibles cervelles ,
* D'ajouter nos Décrets à ces Loix immortelles ?

C 2   Hélas !

_____

* On ne doit entendre par ce mot *Décrets* que les opinions
paſſa-

Hélas ! serait-ce à nous, fantômes d'un moment,
Dont l'être imperceptible est voisin du néant,
De nous mettre à côté du Maître du tonnerre,
Et de donner en Dieux des ordres à la Terre?

―――――――――――

TROISIEME PARTIE.

Que les hommes, ayant pour la plupart défiguré, par les opinions qui les divisent, le principe de la Religion Naturelle qui les unit, doivent se suporter les uns les autres.

L'Univers est un Temple où siége l'Eternel.
  Là * chaque homme à son gré veut bâtir un Autel.
Chacun vante sa Foi, ses Saints, & ses Miracles,
Le sang de ses Martyrs, la voix de ses Oracles.
L'un pense, en se lavant cinq ou six fois par jour,
Que le Ciel voit ses bains d'un regard plein d'amour,
Et qu'avec un prépuce on ne saurait lui plaire.
L'autre a du Dieu *Brama* désarmé la colère:

Et

passagères des hommes qui veulent donner leurs sentimens particuliers pour des loix générales.

* (Chaque homme) signifie clairement chaque particulier qui veut s'ériger en Législateur, & il n'est ici question que des Cultes étrangers, comme on l'a déclaré au commencement de la première Partie.

Et pour s'être abſtenu de manger du lapin,
Voit le Ciel entr'ouvert, & des plaiſirs ſans fin.
Tous traitent leurs voiſins d'impurs & d'infidelles.
De Chrêtiens diviſés les infames querelles
Ont au nom du Seigneur apporté plus de maux,
Répandu plus de ſang, creuſé plus de tombeaux,
Que le prétexte vain d'une utile balance
N'a déſolé jamais l'Allemagne & la France.
   Un doux Inquiſiteur, un crucifix en main,
Au feu par charité fait jetter ſon prochain,
Et pleurant avec lui d'une fin ſi tragique,
/Prend pour s'en conſoler ſon argent qu'il s'applique,
Tandis que de la grace ardent à ſe toucher,
Le peuple en louant DIEU danſe autour du bucher.
On vit plus d'une fois, dans une ſainte ivreſſe,
Plus d'un bon Catholique, au ſortir de la Meſſe,
Courant ſur ſon voiſin pour l'honneur de la foi,
Lui crier, *Meurs, impie, ou penſe comme moi.*
Calvin & ſes ſuppôts, guettés par la Juſtice,
Dans Paris en peinture allèrent au ſupplice.
Servet fut en perſonne immolé par *Calvin.*
Si *Servet* dans Genève eût été Souverain,
Il eût pour argument contre ſes adverſaires
Fait ſerrer d'un lacet le cou des Trinitaires.
Ainſi d'*Arminius* les ennemis nouveaux
En Flandre étaient Martyrs, en Hollande bourreaux.
   D'où vient que deux-cent ans cette pieuſe rage
De nos Ayeux groſſiers fut l'horrible partage?

C'eſt

C'eſt que de la Nature on étouffa la voix ;
C'eſt qu'à ſa Loi ſacrée on ajouta des Loix ;
C'eſt que l'homme amoureux de ſon ſot eſclavage,
Fit dans ſes préjugés DIEU même à ſon image.
Nous l'avons fait injuſte, emporté, vain, jaloux,
Séducteur, inconſtant, barbare comme nous.
   Enfin grace en nos jours à la Philoſophie,
Qui de l'Europe au moins éclaire une partie,
Les mortels plus inſtruits en ſont moins inhumains :
Le fer eſt émouſſé, les buchers ſont éteints.
Mais ſi le Fanatiſme était encor le Maître,
Que ces feux étouffés ſeraient promts à renaître !
On s'eſt fait, il eſt vrai, le généreux effort
D'envoyer moins ſouvent ſes frères à la mort.
* On brûle moins d'Hébreux, dans les murs de Lisbonne ;
Et même le Muphti, qui rarement raiſonne,
Ne dit plus aux Chrétiens que le Sultan ſoumet,
Renonce au vin, barbare, & crois à Mahomet.
† Mais du beau nom de chien ce Muphti nous honore ;
Dans le fond des Enfers il nous envoye encore.
Nous le lui rendons bien : nous damnons à la fois
Le peuple circoncis vainqueur de tant de Rois,
Londres, Berlin, Stockolm, & Genève, & vous-même,
Vous êtes, ô grand Roi ! compris dans l'anathême.

                           En

* On ne pouvait prévoir a-lors que les flammes détruiraient une partie de cette ville mal-heureuſe, dans laquelle on allu-ma trop ſouvent des buchers.

† Les Turcs appellent indif-féremment les Chrétiens *Infidé-les & Chiens.*

En vain par des bienfaits fignalant vos beaux jours,
A l'humaine raifon vous donnez des fecours,
Aux beaux Arts des palais, aux pauvres des aziles,
Vous peuplez les déferts & les rendez fertiles.
De fort favants efprits jurent fur leur falut, *
Que vous êtes fur Terre un fils de Belzebut.

Les vertus des Payens étaient, dit-on, des crimes.
Rigueur impitoyable! odieufes maximes!
Gazettier clandeftin, dont la platte acreté
Damne le Genre-humain de pleine autorité,
Tu vois d'un œuil ravi les mortels tes femblables,
Paitris des mains de DIEU pour le plaifir des Diables.
N'es-tu pas fatisfait de condamner au feu
Nos meilleurs citoyens, *Montagne* & *Montefquieu*?
Penfes-tu que *Socrate*, & le jufte *Ariftide*,
Solon, qui fut des Grecs & l'exemple & le guide,
Penfes-tu que *Trajan*, *Marc-Auréle*, *Titus*,
Noms chéris, noms facrés, que tu n'as jamais lus,

C 4

Aux

---

* On refpecte cette maxime; *hors de l'Eglife point de falut*: mais tous les hommes fenfés trouvent ridicule & abominable que des particuliers ofent employer cette fentence générale & comminatoire contre des hommes qui font leurs fupérieurs & leurs Maîtres en tout genre : les hommes raifonnables n'en ufent point ainfi. L'Archevêque *Tillotfon* aurait-il jamais écrit à l'Ar- chevêque *Fénelon*, *Vous êtes damné?* Et un Roi de Portugal écrirait-il à un Roi d'Angleterre qui lui envoye des fecours; Mon frére, *vous irez à tous les Diables?* La dénonciation des peines éternelles à ceux qui ne penfent pas comme nous, eft une arme ancienne qu'on laiffe fagement repofer dans l'arfenal ; & dont il n'eft permis à aucun particulier de fe fervir.

Aux fureurs des Démons font livrés en partage,
Par le DIEU bienfaisant dont ils étaient l'image?
Et que tu feras, toi, de rayons couronné,
D'un chœur de Chérubins au Ciel environné,
Pour avoir quelque tems, chargé d'une beface,
Dormi dans l'ignorance, & croupi dans la craffe?
Sois fauvé, j'y confens; mais l'immortel *Newton*,
Mais le favant *Leibnitz* & le fage *Adiffon*,
b Et ce *Locke*, en un mot, dont la main courageufe
A de l'Efprit humain pofé la borne heureufe;
Ces Efprits qui femblaient de DIEU même éclairés,
Dans des feux éternels feront-ils dévorés?
Porte un arrêt plus doux, prens un ton plus modefte;
Ami, ne prévien point le jugement célefte,
Refpecte ces mortels, pardonne à leur vertu.
Ils ne t'ont point damné : pourquoi les damnes-tu?
A la Religion difcrétement fidéle,
Sois doux, compatiffant, fage, indulgent comme elle;
Et fans noyer autrui fonge à gagner le port :
Qui pardonne a raifon, & la colère a tort.
Dans nos jours paffagers de peines, de miferes,
Enfans du même DIEU, vivons du moins en frères,
Aidons-nous l'un & l'autre à porter nos fardeaux.
Nous marchons tous courbés fous le poids de nos maux;
Mille ennemis cruels affiégent notre vie,
Toujours, par nous maudite, & toujours fi chérie :

Notre

b Voyez les Notes à la fin du Poëme.

Notre cœur égaré, fans guide & fans appui,
Eft brûlé de défirs, ou glacé par l'ennui.
Nul de nous n'a vécu fans connaître les larmes.
De la Societé les fecourables charmes
Confolent nos douleurs au moins quelques inftans:
Remède encor trop faible à des maux fi conftans.
Ah! n'empoifonnons pas la douceur qui nous refte.
Je crois voir des forçats dans un cachot funefte,
Se pouvant fecourir, l'un fur l'autre acharnés,
Combattre avec les fers dont ils font enchaînés.

QUATRIEME PARTIE.

C'eft au Gouvernement à calmer les malheureufes
difputes de l'école qui troublent la Societé.

Oui, je l'entends fouvent de votre bouche augufte,
Le premier des devoirs, fans doute, eft d'être jufte;
Et le premier des biens eft la paix de nos cœurs.
Comment avez-vous pû, parmi tant de Docteurs,
Parmi ces différens que la difpute enfante,
Maintenir dans l'Etat une paix fi conftante?
D'où vient que les enfants de *Calvin*, de *Luther*,
Qu'on croit de-là les Monts bâtards de *Lucifer*,
Le Grec & le Romain, l'empefé Quiétifte,
Le Quakre au grand chapeau, le fimple Anabaptifte,
Qui jamais dans leur Loi n'ont pû fe réunir,

Sont

Sont tous, fans difputer, d'accord pour vous bénir?
C'eft que vous êtes fage, & que vous êtes Maître.
Si le dernier *Valois*, hélas! avait fçu l'être,
Jamais un Jacobin, guidé par fon Prieur,
De *Judith* & d'*Aod* fervent imitateur,
N'eût tenté dans St. Cloud fa funefte entreprife :
* Mais *Valois* aiguifa le poignard de l'Eglife ;
Ce poignard qui bientôt égorgea dans Paris,
Aux yeux de fes Sujets, le plus grand des *Henris*.
Voilà le fruit affreux des pieufes querelles :
Toutes les factions à la fin font cruelles ;
Pour peu qu'on les foutienne, on les voit tout ofer ;
Pour les anéantir, il les faut méprifer.
Qui conduit des Soldats peut gouverner des Prêtres.
Un Roi dont la grandeur éclipfa fes ancètres,
Crût pourtant fur la foi d'un Confeffeur Normand,
Janfenius à craindre, & *Quefnel* important ;
Du fceau de fa grandeur il chargea leurs fottifes.
De la difpute alors cent cabales éprifes,
Cent bavards en fourure, Avocats, Bacheliers,
Colporteurs, Capucins, Jéfuites, Cordeliers,
Troublèrent tous l'Etat par leurs doctes fcrupules :
† Le Régent plus fenfé les rendit ridicules :

Dans

---

* Il ne faut pas entendre par ce mot l'*Eglife* Catholique, mais le poignard d'un Eccléfiaftique, le fanatifme abominable de quelques gens d'Eglife de ces tems-là, déteftés par l'Eglife de tous les tems.

† Ce ridicule fi univerfellement fenti par toutes les Nations, tombe fur les grandes intrigues pour

Dans la poussière alors on les vit tous rentrer.

L'œuil du Maître suffit, il peut tout opérer.

L'heureux cultivateur des présents de Pomone

Des filles du Printemps, des trésors de l'Automne,

Maître de son terrain, ménage aux arbrisseaux

Les secours du Soleil, de la Terre & des eaux;

Par de légers appuis soutient leurs bras débiles,

Arrache impunément les plantes inutiles;

Et des arbres touffus, dans son clos renfermés,

Emonde les rameaux de la sève affamés.

Son docile terrain répond à sa culture;

Ministre industrieux des loix de la Nature,

Il n'est pas traversé dans ses heureux desseins;

Un arbre qu'avec peine il planta de ses mains,

Ne prétend pas le droit de se rendre stérile :

Et du sol épuisé tirant un suc utile,

Ne va pas refuser à son maître affligé

Une part de ses fruits dont il est trop chargé.

Un Jardinier voisin n'eut jamais la puissance,

De diriger des Cieux la maligne influence,

De maudire ses fruits pendans aux espaliers,

Et de sécher d'un mot sa vigne & ses figuiers.

Malheur aux Nations dont les loix opposées

Embrouillent de l'Etat les rênes divisées !

Le Sénat des Romains, ce Conseil de Vainqueurs,

Présidait

pour de petites choses, sur la haine acharnée de deux partis qui n'ont jamais pû s'entendre sur plus de quatre mille volumes imprimés.

Préfidait aux Autels, & gouvernait les mœurs,
Reftraignait fagement le nombre des Veftales,
D'un peuple extravagant réglait les Baccanales :
Marc-Aurèle & *Trajan* mèlaient aux champs de *Mars*
Le bonnet de Pontife au bandeau des *Céfars* :
L'Univers repofant fous leur heureux génie,
Des guerres de l'école ignora la manie ;
Ces grands Légiflateurs d'un faint zéle enivrés,
Ne combattirent point pour leurs poulets facrés.
Rome encor aujourdhui confervant ces maximes,
Joint le Trône à l'Autel par des nœuds légitimes.
Ses citoyens en paix fagement gouvernés
Ne font plus Conquérants, & font plus fortunés.
  Je ne demande pas que dans fa Capitale,
Un Roi portant en main la Croffe Epifcopale,
Au fortir du Confeil, allant en Miffion,
Donne au peuple contrit la bénédiction :
Toute Eglife a fes loix, tout peuple a fon ufage ;
Mais je prétends qu'un Roi, que fon devoir engage
A maintenir la paix, l'ordre, la fûreté,
A fur tous fes Sujets égale autorité ; *
Ils font tous fes enfants : cette famille immenfe,
Dans fes foins paternels a mis fa confiance.
Le Marchand, l'Ouvrier, le Prètre, le Soldat,

Sont

---

* Ce n'eft pas à dire que chaque ordre de l'Etat n'ait fes dif-
tinctions, fes priviléges indifpen-
fablement attachés à fes fonc-
tions. Ils jouïffent de ces priviléges dans tout pays : mais la
Loi générale lie également tout
le monde.

Sont tous également les membres de l'Etat.
De la Religion l'appareil néceſſaire,
Confond aux yeux de Dieu le grand & le vulgaire;
Et les civiles Loix, par un autre lien,
Ont confondu le Prêtre avec le Citoyen.
La Loi dans tout Etat doit être univerſelle,
Les mortels, quels qu'ils ſoient, ſont égaux devant elle.
Je n'en dirai pas plus ſur ces points délicats.
Le Ciel ne m'a point fait pour régir les Etats,
Pour conſeiller les Rois, pour enſeigner les Sages;
Mais du port où je ſuis, contemplant les orages,
Dans cette heureuſe paix où je finis mes jours,
Eclairé par vous-même, & plein de vos diſcours,
De vos nobles leçons ſalutaire interprète,
Mon eſprit ſuit le vôtre, & ma voix vous répète.
Que conclure à la fin de tous mes longs propos?
C'eſt que les préjugés ſont la raiſon des ſots;
Il ne faut pas pour eux ſe déclarer la guerre:
Le vrai nous vient du Ciel, l'erreur vient de la Terre;
Et parmi les chardons qu'on ne peut arracher,
Dans des ſentiers ſecrets, le ſage doit marcher;
La paix enfin, la paix, que l'on trouble & qu'on aime,
Eſt d'un prix auſſi grand que la vérité même.

PRIE.

PRIERE.

O DIEU ! qu'on méconnait , ô DIEU ! que tout annonce,
Entends les derniers mots que ma bouche prononce;
Si je me suis trompé , c'eſt en cherchant ta Loi :
Mon cœur peut s'égarer , mais il eſt plein de toi :
Je vois ſans m'allarmer l'Eternité paraître ,
Et je ne puis penſer qu'un DIEU qui m'a fait naître,
Qu'un DIEU qui ſur mes jours verſa tant de bienfaits,
Quand mes jours ſont éteints , me tourmente à jamais.

NOTES.

a Soit qu'un Etre inconnu, &c.

a DIEU étant un Etre infini , ſa nature a dû être *inconnuë* à
tous les hommes. Comme cet ouvrage eſt tout philoſophique , il
a falu raporter les ſentiments des Philoſophes. Tous les Anciens,
ſans exception , ont cru l'éternité de la matiére ; c'eſt preſque le
ſeul point ſur lequel ils convenaient. La plupart prétendaient que
les Dieux avaient arrangé le Monde ; nul ne ſavait que DIEU l'a-
vait tiré du néant. Ils diſaient que l'Intelligence céleſte avait par
ſa propre nature le pouvoir de diſpoſer de la matiére , & que la
matiére exiſtait par ſa propre nature.

Selon preſque tous les Philoſophes & les Poëtes , les grands
Dieux habitaient loin de la Terre. L'ame de l'homme , ſelon pluſieurs , était un feu céleſte ; ſelon d'autres , une harmonie réſultante
de ſes organes : les uns en faiſaient une partie de la Divinité, *Di-
vinæ particulam auræ* ; les autres , une matiére épurée , une quin-
teſſence ; les plus ſages , un être immatériel : mais quelque Secte
qu'ils ayent embraſſée , tous , hors les Epicuriens , ont reconnu que
l'homme eſt entiérement ſoumis à la Divinité.

b Et

b Et ce Locke *, en un mot, dont la main courageuse*
A de l'esprit humain posé la borne heureuse ;

b Le modeste & sage *Locke* est connu pour avoir dévelopé
toute la marche de l'Entendement humain, & pour avoir montré
les limites de son pouvoir. Convaincu de la faiblesse humaine,
& pénétré de la puissance infinie du Créateur, il dit que nous ne
connaissons la nature de nôtre ame que par la foi : il dit que l'homme n'a point par lui-même assez de lumiéres pour assurer que
Dieu ne peut pas communiquer la pensée à tout Etre auquel il
daignera faire ce présent, à la matiére elle-même.

Ceux qui étaient encor dans l'ignorance s'élevèrent contre lui.
Entêtés d'un Cartésianisme aussi faux en tout que le Peripatétisme,
ils croyaient que la matiére n'est autre chose que l'étenduë en lon-
gueur, largeur & profondeur : ils ne savaient pas qu'elle a la gra-
vitation vers un centre, la force d'inertie & d'autres proprietés,
que ses élémens sont indivisibles tandis que ses composés se divisent sans cesse. Ils bornaient la puissance de l'Etre Tout-puissant ;
ils ne faisaient pas réflexion qu'après toutes les découvertes sur la
matiére, nous ne connaissons point le fond de cet être. Ils devaient songer que l'on a longtems agité si l'Entendement humain
est une faculté ou une substance. Ils devaient s'interroger eux-
mêmes & sentir que nos connaissances sont trop bornées pour sonder cet abime.

La faculté que les animaux ont de se mouvoir, n'est point
une substance, un être à part ; il parait que c'est un don du
Créateur. *Locke* dit que ce même Créateur peut faire ainsi un
don de la pensée à tel être qu'il daignera choisir. Dans cette hypothèse qui nous soumet plus que tout autre à l'Etre suprème,
la pensée accordée à un élément de matiére, n'en est pas moins
pure, moins immortelle, que dans toute autre hypothèse. Cet élément indivisible est impérissable : la pensée peut assurément sub-
sister à jamais avec lui, quand le corps est dissous. Voilà ce que
Locke propose sans rien affirmer. Il dit ce que Dieu eut pû faire,
& non ce que Dieu a fait. Il ne connait point ce que c'est que
la matiére ; il avouë qu'entre elle & Dieu il peut y avoir une
infinité de substances, créées absolument différentes les unes des
autres : la lumiére, le feu élémentaire paraît en effet, comme on
l'a dit, dans les élémens de *Newton*, une substance mitoyenne
entre cet être inconnu nommé matiére, & d'autres êtres encor plus
inconnus. La lumiére ne tend point vers un centre, comme la
matiére ; elle ne parait pas impénétrable ; aussi *Newton* dit souvent

dans

dans son Optique, *Je n'examine pas si les rayons de la lumière sont des corps, ou non.*

Locke dit donc qu'il peut y avoir un nombre innombrable de substances, & que Dieu est le Maître d'accorder des idées à ces substances. Nous ne pouvons deviner par quel art divin un être tel qu'il soit à des idées ; nous en sommes bien loin : nous ne saurons jamais comment un ver de terre a le pouvoir de se remuer. Il faut dans toutes ces recherches s'en remettre à Dieu & sentir son néant. Telle est la Philosophie de cet homme, d'autant plus grand qu'il est plus simple ; & c'est cette soumission à Dieu qu'on a osé appeller impieté, & ce sont ses sectateurs convaincus de l'immortalité de l'ame qu'on a nommé Matérialistes ; & c'est un homme tel que *Locke* à qui un compilateur de quelque Physique a donné le nom d'ennuyeux.

Quand même *Locke* se serait trompé sur ce point, (si on peut pourtant se tromper en n'affirmant rien) cela n'empêche pas qu'il ne mérite la louange qu'on lui donne ici : il est le premier, ce me semble, qui ait montré qu'on ne connaît aucun axiome avant d'avoir connu les vérités particuliéres ; il est le premier qui ait fait voir ce que c'est que l'identité, & ce que c'est que d'être la même personne, le même soi : il est le premier qui ait prouvé la fausseté du système des idées innées. Sur quoi je remarquerai qu'il y a des écoles qui anathématisèrent les idées innées quand *Descartes* les é-tablit, & qui anathématisèrent ensuite les adversaires des idées in-nées, quand *Locke* les eut détruites. C'est ainsi que jugent les hommes qui ne sont pas Philosophes.

NB. *Le Lecteur curieux peut consulter le chapitre sur* Locke *dans les Mélanges de Litterature ,* &c. &c.

NOTE

NOTE particuliére fur ce paſſage de la Préface qui eſt au devant du Poëme fur le déſaſtre de Lisbonne, &c.

Lorſque l'illuſtre Pope *dévelopa dans ſes vers immortels les ſyſtêmes du Lord* Shaftersburi *& du Lord* Bolingbroke , *&c.*

C'eſt peut-être la premiére fois qu'on a dit que le ſyſtême de *Pope* était celui du Lord *Shaftersburi;* c'eſt pourtant une vérité inconteſtable. Toute la partie phyſique eſt preſque mot-à-mot dans la premiére partie du Chapitre intitulé, *Les Moraliſtes,* Section 3. MUCH IS ALCEG'DIN ANSWER TO SHOW &c. *On a beaucoup à répondre à ces plaintes des défauts de la Nature. Comment eſt-elle ſortie ſi impuiſſante & ſi défeċtueuſe des mains d'un être parfait? Mais je nie qu'elle ſoit défeċtueuſe.... Sa beauté réſulte des contrariétés, & la concorde univerſelle naît d'un combat perpétuel..... il faut que chaque être ſoit immolé à d'autres; les végétaux aux animaux, les animaux à la terre.... & les loix du pouvoir central & de la végétation, qui donnent aux corps céleſtes leur poids & leur mouvement, ne ſeront point dérangés pour l'amour d'un chetif & faible animal, qui tout protégé qu'il eſt par ces mêmes loix ſera bientôt par elles réduit en pouſſiére.*

Cela eſt admirablement dit: & cela n'empêche pas que l'illuſtre Doċteur *Klark* dans ſon Traité de l'Exiſtence de DIEU ne diſe que le Genre humain ſe trouve dans un état où l'ordre naturel des choſes de ce Monde eſt manifeſtement renverſé. Page 10. Tome II. 2. édition, traduction de Mr. *Ricotier:* cela n'empêche pas que l'homme ne puiſſe dire; Je dois être auſſi cher à mon Maître, moi être penſant & ſentant, que les Planètes qui probablement ne ſentent point: cela n'empêche pas que les choſes de ce monde ne puiſſent être autrement, puiſqu'on nous aprend que l'ordre a été perverti, & qu'il ſera rétabli: cela n'empêche pas que le mal Phyſique & le mal Moral ne ſoient une choſe incompréhenſible à l'eſprit humain: cela n'empêche pas qu'on ne puiſſe révo-

D quer

quer en douté le *Tout est bien*, en respectant *Shaftersburi* & *Pope*; dont le système a d'abord été attaqué comme suspect d'Athéisme, & est aujourdhui canonisé.

La partie morale de l'*Essai sur l'homme de Pope*, est aussi toute entiére dans *Shaftersburi*, à l'article de la recherche sur la vertu, au second volume des *Caractéristics*. C'est-là que l'Auteur dit que l'intérêt particulier bien entendu fait l'intérêt général. Aimer le bien public & le nôtre est non seulement possible, mais inséparable : *To be well affected touvards the publick interest and ones own*, *is not only consistent*, *but inseparable*. C'est là ce qu'il prouve dans tout ce livre, & c'est la base de toute la partie morale de l'*Essai de Pope sur l'homme*. C'est par là qu'il finit.

> *That reason passion answer one great aim,*
> *That true self love and social be the same.*

La raison & les passions répondent au grand but de DIEU. Le véritable amour propre & l'amour social sont le même.

Une si belle morale, bien mieux dévelopée encor dans *Pope* que dans *Shaftersburi*, a toujours charmé l'Auteur des Poëmes sur Lisbonne & sur la Loi naturelle : voilà pourquoi il a dit,

> *Mais Pope aprofondit ce qu'ils ont effleuré,*
> *Et l'homme avec lui seul apprend à se connaître.*

Le Lord *Shaftersburi* prouve encor que la perfection de la vertu est due nécessairement à la croyance d'un DIEU. *And thus perfection of virtue must be owing to the belief of a God.*

C'est apparemment sur ces paroles que quelques personnes ont traité *Shaftersburi* d'Athée. S'ils avaient bien lû son livre, ils n'auraient pas fait cet infame reproche à la mémoire d'un Pair d'Angleterre, d'un Philosophe élevé par le sage *Locke*.

C'est ainsi que le Pére *Hardoüin* traita d'Athées *Pascal*, *Mallebranche* & *Arnauld*. C'est ainsi que le Docteur *L'Ange* traita d'Athée le respectable *Wolf*, pour avoir loué la Morale des Chinois : & *Wolf* s'étant apuyé du témoignage des Jésuites Missionnaires à la Chine, le Docteur répondit, *Ne sait-on pas que les Jésuites sont des Athées ?* Ceux qui gémirent sur l'avanture des Diables de Loudun, si humiliante pour la Raison humaine, ceux qui trouvèrent mauvais qu'un Recollet, en conduisant *Urbain Grandier* au supplice, le frappât au visage avec un Crucifix de fer, furent appellés Athées par les Recollets. Les Convulsionnaires ont imprimé, que ceux qui se moquaient des convulsions étaient des Athées : & les Molinistes ont cent fois batizé de ce nom les Jansénistes.

LorC-

Lorſqu'un homme connu écrivit le premier en France il y a vingt ans ſur l'inoculation de la petite vérole, un Auteur inconnu écrivit, *Il n'y a qu'un Athée imbu des folies Anglaiſes qui puiſſe propoſer à nôtre Nation de faire un mal certain, pour un bien incertain.*

L'Auteur des Nouvelles Eccléſiaſtiques, qui écrit tranquille- ment depuis ſi longtems contre les Puiſſances, contre les Loix, & contre la Raiſon, a employé une feuille à prouver que Mr. *de Monteſquieu* était Athée, & une autre feuille à prouver qu'il était Déiſte.

St. Sorlin des Marets, connu en ſon tems par le Poëme de *Clo- vis*, & par ſon fanatiſme, voyant paſſer un jour dans la Galerie du Louvre *La Mothe le Vayer* Conſeiller d'Etat & Précepteur de Monſieur; *Voila*, dit-il, *un homme qui n'a point de Religion*: La *Mothe le Vayer* ſe retourna vers lui, & daigna lui dire, *Mon ami, j'ai tant de Religion, que je ne ſuis point de ta Religion.*

En général, cette ridicule & abominable démence d'accuſer d'Athéiſme à tort & à travers tous ceux qui ne penſent pas comme nous, eſt ce qui a le plus contribué à répandre d'un bout de l'Europe à l'autre ce profond mépris que tout le Public a aujour- dhui pour les Libelles de Controverſe.

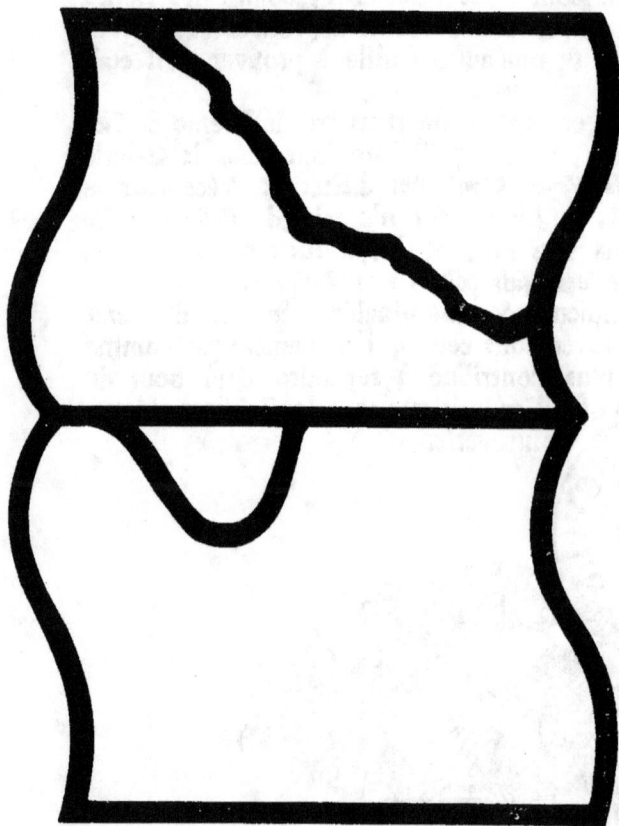

Texte détérioré — reliure défectueuse

NF Z 43-120-11

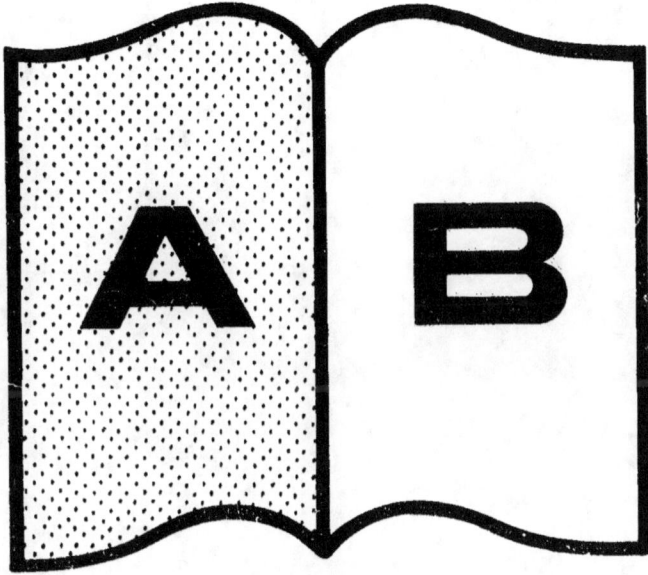

Contraste insuffisant

www.ingramcontent.com/pod-product-compliance
Lightning Source LLC
LaVergne TN
LVHW022209080426
835511LV00008B/1669